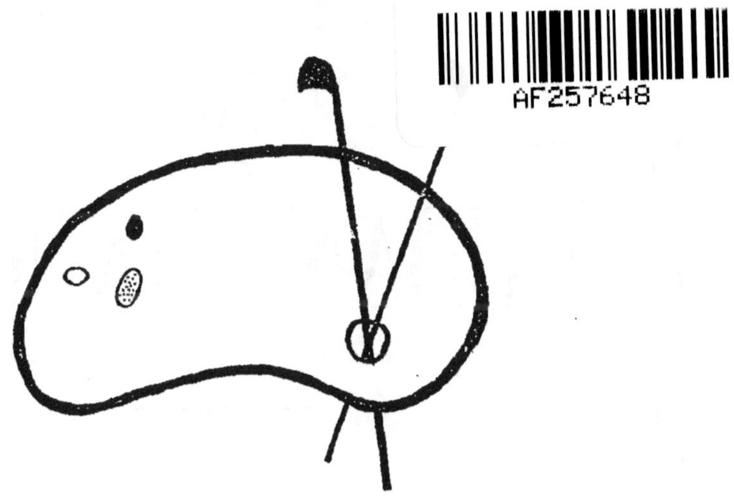

DEBUT D'UNE SERIE DE DOCUMENTS
EN COULEUR

# LE
# SOUDAN FRANÇAIS

Chemin de Fer de Médine au Niger

Troisième Partie.

LILLE

IMPRIMERIE L. DANEL.

1885.

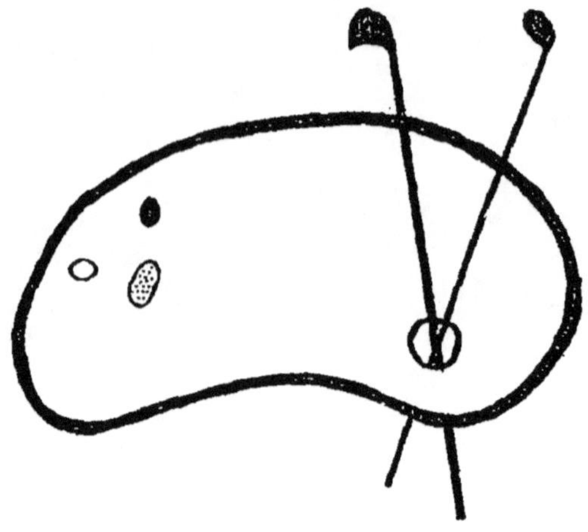

FIN D'UNE SERIE DE DOCUMENTS
EN COULEUR

# LE SOUDAN FRANÇAIS

## CHEMIN DE FER DE MÉDINE AU NIGER

# LE
# SOUDAN FRANÇAIS

## CHEMIN DE FER DE MÉDINE AU NIGER

**Troisième Partie.**

LILLE

IMPRIMERIE L. DANEL.

1885.

Ce travail est extrait du *Bulletin de la Société de Géographie de Lille*, Tome IV. — Les 1ʳᵉ et 2ᵐᵉ parties se trouvent dans les Tomes I et II.

# LE SOUDAN FRANÇAIS

## CHEMIN DE FER DE MÉDINE AU NIGER

### Par M. le général FAIDHERBE,

#### Membre de l'Institut, Grand Chancelier de la Légion-d'Honneur.

### TROISIÈME PARTIE. [1]

SOMMAIRE : Le fleuve Niger. — La traite des nègres réprimée au Sénégal et florissante dans le bassin du Niger. — Ravitaillement des postes en 1883-1884. Lieutenant-colonel Boilève. — La canonnière le NIGER. — Histoire de Tombouctou. — Situation des Français dans le Soudan. — Le Bas-Niger. — Écoles indigènes.

### Le fleuve Niger.

Comme nous l'avons dit dans notre travail précédent sur le Soudan français, dès les premiers jours d'avril 1884, notre drapeau flottait à Bammakou ; depuis nous avons appris que dans les premiers jours de septembre 1884, une petite chaloupe canonnière à vapeur, envoyée démontée de France et reconstruite à Bammakou, descendait le Niger. Ce sont là des événements considérables pour l'avenir politique et commercial des régions traversées par le cours supérieur de ce fleuve. C'est le moment de donner des détails sur cet immense cours d'eau dont l'embouchure attirait, depuis longtemps déjà, l'attention du commerce.

On connaissait depuis l'antiquité l'existence d'un grand fleuve au Sud du Sahara et, depuis la fin du XIVᵉ siècle, l'existence d'une grande ville, Tombouctou, sur ce fleuve ; mais on faisait les hypothèses les plus diverses au sujet de ce dernier : pour les uns il coulait vers l'Est et n'était qu'un bras du Nil d'Egypte, pour les autres il coulait au contraire à l'Ouest et n'était que le Haut Sénégal. Personne ne pensait alors à ce delta si considérable qui se trouve au fond du

---

(1) Voir la deuxième partie, Tome II, pages 225-245.

golfe de Guinée et qui signalait cependant l'existence d'un bien grand fleuve.

Mungo-Park, le premier, au commencement de ce siècle, reconnut que le Niger venant d'abord du sud au nord, coule vers l'est dans sa partie la plus septentrionale, puis qu'il s'incline vers le sud. Malheureusement son exploration ne put être complétée et se termina par sa mort, à Boussa, en 1805.

A Boussa, se trouvent, à ce qu'il paraît, des obstacles infranchissables, qui s'opposent à la navigation. Il en serait du Niger comme des autres grands fleuves de l'Afrique, le Nil, le Sénégal, le Congo, le Zambèze, sur le cours desquels des cataractes et des rapides signalent l'endroit où ces fleuves quittent les hauts plateaux de l'intérieur pour déboucher dans la contrée moins élevée qui se termine par les plaines d'alluvion.

Ce n'est qu'en 1824 que Clapperton et son serviteur Lander reconnurent définitivement la direction de la partie inférieure du Niger et, après la mort de Clapperton, Lander eut la gloire de l'avoir descendu le premier depuis Yaurie jusqu'à son embouchure, où il trouva des navires anglais qui trafiquaient d'huile de palme avec les indigènes, sans se douter qu'ils étaient à l'embouchure du grand fleuve du Soudan.

En 1832, Lander remonta le Niger avec deux steamers fournis par le commerce de Liverpool. Il put atteindre Rabba et en outre explorer une trentaine de lieues du cours de la Benué, ce grand affluent du Niger. Mais les fièvres pernicieuses enlevèrent quarante Européens sur quarante-neuf qui montaient ses navires. Quant à Lander, attaqué sur une pirogue par des indigènes, à soixante-dix milles de la mer, il put leur échapper, après avoir été blessé, et alla mourir à Fernando Pô, en 1834.

Postérieurement, diverses expéditions remontèrent le Niger, essayant de nouer des relations amicales avec les indigènes, mais sans succès, tant ceux-ci et leurs chefs étaient sauvages et abrutis par les pratiques de la traite des esclaves et l'abus des liqueurs fortes.

En 1854, M. Liard de Liverpool remontait le Niger, sur un vapeur, la Pléiade, de 260 tonneaux de jauge, de 60 chevaux-vapeur et calant six pieds d'eau. Il avait à bord le Révérend docteur Krowther, nègre de la nation Hiébou et missionnaire anglais.

La Pléiade entra par la rivière Noun, un des bras de l'embouchure par lequel était sorti Lander en 1830.

La même année, Barth côtoya le Niger de Tombouctou à Say et tout récemment, en 1883, un explorateur italien, M. Buonfanti l'a remonté de Say à Tombouctou.

D'après ces explorateurs, sur cet espace de plus de quatre cents lieues, le Niger présente des caractères bien différents, mais tous affirment cependant que, même aux basses eaux, la navigation y est possible pour des embarcations d'un faible tirant d'eau. Buonfanti l'a remonté de Say à Tombouctou avec une flottille composée de cinq pirogues de 12$^m$ de long, 2$^m$ de large et calant 1 mètre.

De Tombouctou à Bamba le fleuve s'étale dans une vaste plaine ; il présente un fouillis de canaux, de bras morts, de marécages, coupés d'îles boisées, de dunes couvertes de buissons épineux, dont quelques unes atteignent cinquante mètres de hauteur. Ses rives, où croissent des palmiers d'Égypte, le sol qu'il couvre de ses inondations annuelles, deviennent, pendant la saison sèche, d'excellents pâturages où paissent d'innombrables troupeaux appartenant aux tribus Touaregs, aux Sonrhaï ou aux Pouls.

En aval de Bamba, le Niger traverse un terrain rocailleux ; ses berges s'élèvent, deviennent abruptes, se rapprochent, sa largeur diminue ; à Tossaye elle n'est plus que de cent cinquante mètres. Au coude de Bourroum le fleuve s'épanouit de nouveau ; il a plus de six kilomètres de large ; aux basses eaux il est guéable.

Après Gogo, l'ancienne capitale du royaume Sonrhaï, qui n'a rien conservé de sa splendeur passée, le Niger coule sur un sol rocheux. Divisé en plusieurs bras par l'île Ansongho, son cours devient torrentueux ; de nombreux récifs, des blocs de granit obstruent son lit et rendent la navigation très pénible sur un parcours de vingt-cinq kilomètres environ. Ces difficultés doivent disparaître au moment des hautes eaux.

En approchant de Garou et Sinder, petites villes établies en face l'une de l'autre sur deux îles, le Niger prend un cours tranquille : sa largeur atteint deux kilomètres. En amont de Sinder se trouve l'île de Fetchili dont les habitants sont réputés les meilleurs bateliers du Niger moyen

De Tombouctou à Garou-Sinder les rives du fleuve, et surtout la rive gauche, sont parcourues par des tribus nomades de Touaregs. Les Sonrhaï et les Pouls, fort disséminés, n'y ont que peu d'établissements fixes.

Garou et Sinder comptent ensemble environ 18,000 habitants. C'est le plus grand marché de céréales de cette région et les voyageurs qui remontent le Niger doivent, en cet endroit, faire leurs approvisionnements.

Entre Sinder et Say le Niger traverse un pays magnifique, légèrement accidenté. Des collines verdoyantes, d'une altitude moyenne de 250 m. dominent le fleuve. Des fermes, des habitations, de petits villages couvrent ses rives boisées. Dans son lit, débarrassé d'écueils et que coupent seulement quelques rares îles couvertes d'arbres et bien peuplées, le Niger coule lentement; sa largeur varie entre 1,700 et 2,000 mètres.

Sur le parcours de Say à Boussa les renseignements font défaut.

Quant à la partie du Niger comprise entre Bammakou et Tombouctou, partie qui nous intéresse surtout, nous avons sur elle, d'abord de Koulikoro à Sansandig, les données précises de Mage et, pour l'ensemble, les renseignements fournis par un envoyé de la population commerçante de Tombouctou qui vient d'arriver au Sénégal. Sa mission a été déterminée par la nouvelle que les Français s'établissaient sur le Niger, qu'ils y montaient un bateau à vapeur et qu'ils faisaient un chemin de fer du Sénégal à Bammakou.

Des renseignements donnés par cet envoyé il résulte que le Niger supérieur était autrefois, comme nous le savions du reste par Réné Caillé et Mungo Park, la grande artère commerciale de cette partie du Soudan, entre Djenné, Sansandig et Tombouctou.

Les relations commerciales avec les villes du Macina étaient, il y a quelques années à peine, une source de richesses pour elles et Tombouctou; Tidiani, le chef toucouleur du Macina, les a interceptées en pillant les marchandises transportées par pirogues. Les Pouls du Macina, avant d'être battus par Tidiani et de lui payer l'impôt, prélevaient simplement la dîme sur ces marchandises; celui-ci prélève le tout. Aussi c'est à grand'peine si 40 à 50 pirogues par an arrivent encore à descendre le Niger jusqu'à Tombouctou.

Quant à la navigabilité du Niger, des roches de Sotuba à Tombouctou, elle est excellente. Même à la fin de la saison sèche, les grandes pirogues peuvent descendre le Niger sans le moindre embarras.

Aux roches de Sotuba, le passage est impraticable une partie de l'année et dangereux pendant les mois d'hivernage; c'est un chenal étroit, resserré entre des roches énormes, presqu'à sec pendant la saison sèche, mais produisant, dès que les pluies arrivent, un courant extrêmement rapide, au milieu duquel il est fort difficile de manœuvrer de façon à ne pas être brisé.

Le fleuve se sépare en deux branches au-dessus de Sansandig pour former l'île du Bourgou ; les bateaux suivent celle qui passe à Djenné et reçoit le Bakhoy. A partir de ce confluent, le fleuve prend, au-dessus du lac Débo, une grande importance, car, même pendant la saison sèche, c'est à peine si avec une perche de 4$^m$ de longueur, on peut, à cause de la profondeur des eaux, pousser les pirogues le long de la rive.

Comme règle générale, tenant compte du grand nombre d'îles que forme le fleuve dans son parcours jusqu'à Tombouctou, les bateaux doivent toujours embouquer la branche Est, sauf à trois jours de cette ville, au-dessous de Diré, où la branche Ouest est la branche navigable.

En arrivant près de Kabara (port de Tombouctou) on trouve un marigot qui, aux hautes-eaux, amène les embarcations ne calant que 0$^m$50 à 0$^m$60 au plus devant Tombouctou même, mais qui est à sec à maints endroits pendant la saison des basses-eaux.

Les pirogues restent environ 30 jours en route pour se rendre des roches de Sotuba à Tombouctou.

En résumé le Niger est le plus grand fleuve d'Afrique après le Nil et le Congo. Il a mille lieues de cours, et c'est sur ce magnifique cours d'eau, *à 800 lieues de son embouchure*, que se trouve notre poste de Bammakou.

Comme nous l'avons déjà dit et répété, nous sommes en position, par le Sénégal, d'exploiter sans concurrence le commerce de la riche vallée du haut Niger. Mais pour atteindre ce but il faut établir une communication par chemin de fer entre le point du Sénégal jusqu'où nos navires de commerce peuvent le remonter, et le point du Niger où ce fleuve commence à être navigable, c'est-à-dire entre Médine et Bammakou, soit sur une longeur de 150 lieues.

Le gouvernement après s'être lancé, peut-être sans études préparatoires suffisantes dans cette entreprise, semble aujourd'hui vouloir l'abandonner. Est-ce manque d'argent, défaut de persévérance ou pour d'autres raisons que nous n'avons pas à apprécier? En tout cas, cela est fâcheux à plusieurs points de vue. Arrêter le chemin de fer au point où il est arrivé ou se borner à le conduire jusqu'à Bafoulabé, c'est comme si, ayant commencé à construire un pont sur une rivière pour faire communiquer les deux rives, on arrêtait le pont au quart de la largeur de la rivière.

Il n'y a plus qu'une chose à faire : trouver une Compagnie qui termine le chemin de fer à ses frais. On lui en laisserait l'exploitation ; on lui céderait gratis la partie terminée par l'État, et en outre des concessions de terrains aux gares, sur la ligne et sur les bords du Niger.

Cette Compagnie aurait ainsi de grandes facilités pour exploiter le commerce de la contrée ; elle aurait, à cet effet, une flottille fluviale sur chacun des deux fleuves et une flottille maritime. Nous estimons qu'il lui faudrait pour se lancer dans cette entreprise un capital d'au moins 70 millions.

## La traite des nègres réprimée au Sénégal et florissante dans le bassin du Niger.

Notre établissement dans le Soudan, quand notre influence et notre autorité y seront bien assises, aura certainement pour résultat la substitution d'un commerce honnête aux infâmes pratiques qui y règnent actuellement, le brigandage, la traite et l'esclavage. Mais nous n'en sommes pas encore là, et la France n'est pas disposée à prodiguer son or et le sang de ses enfants pour conquérir et gouverner de vastes territoires dans le Soudan. Nous sommes simplement en voie de nous y insinuer, grâce à de grands sacrifices, et nous cherchons pour le moment à exploiter cette contrée par le commerce, dans les meilleures conditions possibles.

Mais à ce point de vue spécial, nous nous trouvons en présence d'une situation très embarrassante : le principal, presque le seul commerce qui existe dans cette contrée, est le commerce d'esclaves. N'ayant pas les moyens d'exporter les produits de leur travail, les Soudaniens s'exportent les uns les autres, car l'homme est une marchandise qui se transporte elle-même. Cela cessera progressivement, grâce à la voie commerciale que nous ouvrons, et à notre navigation sur le Niger.

Les indigènes de la côte ont compris, depuis une trentaine d'années, qu'il leur était plus avantageux de vendre le produit du travail de leurs captifs que leurs captifs eux-mêmes. Ceux de l'intérieur le comprendront à leur tour.

Mais pour le moment, nous tombons dans un immense marché

d'esclaves dont les caravanes vont journellement traverser notre ligne entre Médine et Bammakou.

Quelle conduite tenir ; quelles mesures prendre dans cette circonstance ?

Nous ne pouvons pas nous opposer par la force à ces transactions, quelque indignation qu'elles nous inspirent.

D'un autre côté, pouvons-nous nous résigner à voir ainsi enlever et exporter la population d'une contrée dont le marché va nous appartenir, à l'exclusion de toutes les autres nations européennes ?

Comment faire pour retenir ces captifs dans le pays ?

Les racheter ?

Le rachat pour l'engagement à temps n'existe pas au Sénégal et, en dessous de Médine, il n'est pas nécessaire et il faut bien se garder de l'établir.

Au-dessus de Médine c'est autre chose et je n'y verrais que des avantages, dont le principal serait le repeuplement du pays que notre voie traverse ; seulement il faudrait que cette institution fût bien dirigée et bien surveillée pour empêcher les abus.

On pourrait acheter les captifs à condition de venir immédiatement les présenter à l'autorité française qui les déclarerait libres, les inscrirait comme tels avec signalement, etc..., et les laisserait comme travailleurs à la disposition de celui qui les aurait rachetés, pendant un temps suffisant pour qu'il rentrât dans ses frais, — deux, trois, quatre ans peut-être ?

Au bout de ce temps, le libéré, complètement maître de sa personne, discuterait librement avec qui il voudrait les conditions de son travail.

On ne saurait s'imaginer à quels crimes, à quelles infamies conduit cette terrible habitude inspirée aux noirs, aujourd'hui encore par les Maures, et autrefois par les Européens, de faire de leurs semblables une marchandise. Ces désordres criminels qui se passaient autrefois aux portes mêmes de Saint-Louis, ont toujours été sévèrement réprimés par les gouverneurs, depuis que notre autorité s'est effectivement étendue sur les pays voisins.

Nous ferons ici, croyant qu'il intéressera, le récit d'un de ces actes de brigandage et de son châtiment.

En 1860, le Gouverneur du Sénégal se trouvant sur la galerie de l'hôtel du gouvernement, une jeune femme poul pénétra jusqu'à lui, se jeta à ses genoux et au milieu des sanglots qui entrecoupaient ses paroles, lui dit « Gouverneur, je demande justice, je ne compte que sur toi.

« Venge moi ! » Le Gouverneur fit appeler son interprète et dit à cette femme de s'expliquer :

« Je suis veuve, dit-elle, et j'habitais Coki avec mes deux petits
» enfants et ma vieille mère. Pour gagner la subsistance de ma famille
» je suis venue travailler à St-Louis. Hier, en retournant chez moi pour
» y porter le produit de mon travail, j'ai trouvé ma case vide. Pendant
» mon absence, Patté, ministre du chef de Coki, était allé dans ma
» case pour voler mes enfants et les vendre. Ma mère ayant voulu
» s'opposer à ses desseins, il lui a brisé la tête à coups de crosse.
» Aujourd'hui je n'ai plus ni mari, ni mère, ni enfants. Je n'ai plus
» que toi. Tu es mon père et ma mère (c'est une locution que les noirs
» du Sénégal ont l'habitude d'employer) et je te demande justice. »

Le Gouverneur lui répondit qu'il prenait part à ses malheurs et qu'il allait s'occuper de son affaire. Il fit appeler Samba-Ngouma chef des Pouls de la banlieue de St-Louis, qui confirma le récit de la femme. Le Gouverneur lui dit qu'il comptait sur lui pour l'aider à venger sa compatriote, et lui demanda de mettre à sa disposition un Poul sûr, intelligent, brave et connaissant Patté.

Il est généralement très difficile de prendre un indigène qui s'est rendu coupable d'un crime ; tous s'entendent pour faire échapper le coupable et il faut user de ruse pour s'en emparer.

Le Poul désigné, nommé Demba, étant arrivé, le Gouverneur fit appeler le capitaine commandant l'escadron de Spahis et lui dit en présence de Demba : « Demain matin vous partirez avec votre esca-
» dron pour Coki ; arrivé à Louga, sur la route de Coki, vous décla-
» rerez que les chevaux sont fatigués, vous établirez votre bivouac et
» vous enverrez un brigadier et deux spahis au chef de Coki, lui dire
» que vous arriverez le lendemain dans son village pour lui faire une
» communication de ma part. »

Puis il dit à Demba : « Toi, tu partiras également demain matin
» pour Coki, mais tu t'y rendras directement en faisant en sorte de ne
» pas être remarqué. Tu t'assureras par tes propres yeux que Patté
» est dans le village et tu ne le perdras plus de vue. Le soir quand les
» trois spahis arriveront, dès que Patté le saura il se sauvera indubi·
» tablement. Tu le suivras sans qu'il s'en aperçoive pour savoir où il
» ira se réfugier et dès que tu en seras bien certain tu courras sans
» désemparer à Louga, avertir le commandant de l'escadron. »

Tout se passa comme il vient d'être dit ; à l'arrivée des trois spahis, Patté, suivi de deux de ses tiédos, quitta le village et alla à deux lieues de là, en pleine forêt, se réfugier dans une case cachée au milieu d'un épais fourré. Demba, après l'y avoir vu s'établir, courut en toute hâte à Louga, rendit compte au capitaine qui fit monter l'escadron à cheval et partit immédiatement pour arriver un peu avant la pointe du jour à la cachette du coupable. On cerna le fourré sans bruit et, au point du jour, on se précipita sur la case où on surprit Patté et ses complices.

Le vieux brigand se défendit comme une bête féroce surprise dans sa tanière. On ne put s'en emparer que couvert de contusions et avec un œil sorti de l'orbite. Le capitaine avait l'ordre de l'amener à St-Louis. Patté qu'on voulait faire marcher refusa net. Il montra ses cous-de-pied tout calleux par l'usage de l'étrier et déclara que n'ayant jamais été qu'à cheval, il ne marcherait pas à pied comme un *Badolo* (pauvre diable.) On fut donc obligé de l'attacher sur un mulet pour l'amener près de St-Louis. Cet homme, très vieux, avait un visage hideux ; il avait peut-être, dans sa vie, commis cinquante crimes comme celui dont on voulait le punir.

A St-Louis on s'assura de son identité et de sa culpabilité qu'il ne niait pas du reste, regardant de tels actes comme l'usage d'un droit qu'il avait sur les *Badolo*.

La juridiction des tribunaux français ne s'étendant pas jusqu'à Coki, le Gouverneur donna l'ordre au commandant de l'escadron de reconduire Patté à Coki et de l'y fusiller.

A l'entrée de ce village, à une croisée des routes qui y conduisent, se trouve un énorme baobab. On pendit le corps du supplicié à une branche qui s'étend au-dessus du chemin et on cloua sur le tronc de l'arbre une planchette où se trouvait écrit en français et en arabe :

« AINSI SERONT TRAITÉS TOUS CEUX QUI TUENT LES MÈRES POUR VOLER » LES ENFANTS. »

Quant aux enfants volés on sut qu'ils avaient été vendus dans le Fouta, mais là on perdit leurs traces.

Après de telles répressions on conçoit qu'autour de nos postes il y ait maintenant plus de sécurité pour les familles indigènes ; il n'en est malheureusement pas de même dans l'intérieur du pays et spécialement sur le haut-Niger.

### Ravitaillement des postes en 1883-1884. — Lieutenant-Colonel Boilève.

Nous avons vu que depuis l'année 1880 le colonel Borgnis-Desbordes avait dirigé, du Sénégal au Niger, trois expéditions dont le glorieux résultat avait été l'établissement de notre ligne de postes de Médine à Bammakou.

En 1883 ce fut le lieutenant-colonel Boilève qui fut chargé de procéder au ravitaillement des postes et au relèvement des garnisons.

Cela put se faire de la manière la plus pacifique et sans qu'un seul coup de fusil fût tiré, grâce à l'excellente situation politique de la contrée, au point de vue de nos intérêts.

Le lieutenant-colonel Boilève partit de Médine le 18 décembre 1883 avec une colonne destinée à relever les garnisons des postes et composée de 576 combattants, 253 conducteurs, ouvriers, serviteurs, 94 chevaux et 118 mulets.

La colonne arriva à Bafoulabé le 25 décembre et y resta jusqu'au 13 janvier 1884. Pendant les séjours dans les postes, le commandant supérieur réglait toutes les affaires courantes.

La colonne arriva à Badoumbé le 19 janvier, elle en repartit le 6 février et arriva à Kita le 15 du même mois. Le colonel Boilève passa à Kita une grande revue où figuraient dix pièces de canon, pour faire montre de ses forces, persuadé qu'il était que des espions, aussi bien d'Ahmadou que de Samory, se trouvaient dans la foule des spectateurs.

Le 21 mars, laissant à Kita la compagnie d'infanterie de marine et la plus grande partie de la compagnie auxiliaire d'artillerie il se rendit à Kondou où il arriva en cinq jours. Il y resta deux jours et partit pour Bammakou où il se trouvait rendu le 9 avril 1884.

Dans tous les postes des gourbis avaient été préparés pour abriter les Européens de la colonne pendant leur séjour.

On avait mis 113 jours, dont 39 de marche, pour aller de Médine à Bammakou.

Les populations autour de Bafoulabé se disputaient le terrain de culture, le colonel le répartit et fit promettre aux villages de s'entourer de tata. Il organisa des dépôts de ravitaillement entre Bafoulabé et

Badoumbé. Il autorisa Mary-Ciré, chef bambara réfugié chez nous, à quitter Fatafi pour venir s'établir dans les environs de Badoumbé.

A la suite de la grande revue qu'il avait passée à Kita, il apprit que Fabou, lieutenant de Samory, s'était retiré sur la rive droite du Niger avec ses guerriers qui étaient autour de Kangaba ; enfin le colonel Boilève conclut des traités avec les villages du petit Bélédougou et avec plusieurs cantons du grand Bélédougou.

C'est alors qu'eurent lieu des événements importants sur le Niger. Ahmadou, sultan de Ségou, quitta cette ville et alla s'établir à Yamina, sur la rive gauche, emportant tous ses trésors ; il laissait le commandement de Ségou à un de ses fils.

Quels motifs lui firent prendre cette détermination ? Il avait déjà préalablement fait augmenter les fortifications de Ségou, dès qu'il nous avait su établis à Bammakou. Sa crainte augmenta-t-elle quand il apprit que nous montions un bâteau à vapeur sur le Niger et crut-il que, dans le cas d'une lutte avec nous, il y avait plus de sécurité pour lui sur la rive gauche d'où il pût se réfugier dans le Kaarta ?

Du reste, quoique établi à Yamina, il a ses communications avec le Kaarta souvent interceptées par la révolte, contre son autorité, des cantons de Toubacoura et de Banamba.

A Yamina, il est exposé aux hostilités du Bélédougou qui nous presse de venir nous joindre à lui pour en finir avec le sultan Toucouleur. Naturellement le commandant de Bammakou, suivant ses instructions, résiste à ses appels. Mais malgré ses conseils le nommé N'Doo, captif de l'ancien roi Bambara de Ségou, fit une tentative contre Yamina. Il parvint dans l'intérieur du camp retranché formé, autour de Yamina, par plusieurs villages fortifiés, mais il échoua contre le tata d'Ahmadou ; N'Doo passa alors sur la rive droite du Niger et, après avoir brûlé quelques villages, il fut battu par la cavalerie d'Ahmadou qui avait passé le fleuve à sa poursuite.

Un fait très grave encore c'est qu'une lutte sérieuse a commencé entre les gens de Samory et Ahmadou. Fabou auquel, à ce qu'il paraît, Samory avait donné l'ordre de ne pas nous attaquer, a envahi les états d'Ahmadou sur la rive droite et a atteint, dans une première expédition, Baguinta.

Il parvint ensuite jusqu'à Dougassou, à proximité de Ségou, mais là il fut mis en déroute par la cavalerie d'Ahmadou qui avait passé le fleuve pour s'opposer à son incursion.

On voit donc que les trois puissances au milieu desquelles passe notre ligne de postes, c'est-à-dire les Bambara, les Toucouleurs d'Ahmadou et les Malinké de Samory continuent entre eux la guerre d'extermination qui dure depuis trente ans. Puissions-nous leur persuader à tous que nous ne voulons pas nous mêler à leurs guerres et que tout ce que nous désirons c'est de commercer pacifiquement avec chacun d'eux.

Il s'est cependant passé un fait qui nous a inquiétés pour un moment. Le 28 avril, un nommé Babaly Aloar, venu du Kaarta à la tête d'une centaine de cavaliers toucouleurs, surprit et enleva, entre Badoumbé et Kita (le point le plus exposé de notre route) un petit convoi de trente ânes haut-le-pied, n'ayant pour escorte qu'un caporal de tirailleurs. Le caporal tua un des assaillants et fut tué ensuite. Le même jour, la même bande rencontra un convoi de dix voitures chargées et escortées par dix tirailleurs que commandait le caporal indigène Assek-Sar.

Celui-ci envoya d'abord des feux de salve aux assaillants qui se dispersèrent en tirailleurs ; notre petite troupe se défendit avec le plus grand sang-froid et parvint à repousser les Toucouleurs. Les gens des villages voisins, au bruit de la fusillade, accoururent, achevèrent la déroute de l'ennemi et le poursuivirent jusqu'au Ba-Oulé. Les Toucouleurs perdirent dans cette rencontre dix-sept hommes.

On sut que Babaly-Aloar avait pour mission d'attaquer quelques villages qui s'étaient récemment soustraits à l'autorité du roi du Kaarta, mais qu'il avait la défense expresse de s'attaquer à nous. Aussi ce n'est que sur des instances des amis de Babaly que Mountaga consentit à lui pardonner sa désobéissance. Du reste l'insuccès de cette attaque ne peut que nous rassurer pour l'avenir contre de semblables tentatives et il faut espérer que notre route du Sénégal au Niger n'y sera plus exposée.

Le lieutenant-colonel Boilève resta à Bammakou du 2 au 24 avril. Il revint à Kondou le 1er mai et y resta jusqu'au 11 pour permettre à tous les mulets de la colonne de faire un voyage de transport jusqu'à Bammakou.

Arrivé au gué de Toukolo le 21 mai, il y apprit qu'un incendie avait détruit à Kayes la grande caserne et les magasins du chemin de fer. Laissant le commandement de la colonne au chef de bataillon Monségur il se dirigea de sa personne, en toute hâte, vers Kayes pour porter remède autant que possible à la situation. La colonne continuant sa route fut transportée par le chemin de fer de Dinguiray à Kayes où elle arriva le 8 juin. Elle s'embarqua à Tambokhané le 12 et arriva à Saint-Louis dans les premiers jours de juillet.

Pendant les huit mois que dura l'expédition les pertes des Européens furent de 18 % de l'effectif.

Durant cette campagne de 1883-1884, on a construit le poste de Kondou, entre Kita et Bammakou. On a fait la route de Badoumbé à Toukoulo et trois grands ponts en bois sur le Kéniéko, sur le Badingo et sur le Ba-Oulé. On a exécuté en outre d'importants travaux topographiques.

### La Canonnière le Niger.

Nous avons dit en commençant qu'une chaloupe à vapeur naviguait sur le Niger. En effet, en septembre 1883, M. Dislère, alors directeur des Colonies, commanda au service des constructions navales une chaloupe canonnière destinée à être transportée par morceaux à Bammakou, que nous venions d'occuper.

Cette chaloupe démontable a 18m60 de long, 2m70 à sa plus grande largeur. La force nominale de sa machine est de sept chevaux et demi, la force effective de trente chevaux. Elle peut porter un équipage d'une douzaine de personnes avec une douzaine de jours de vivres. Chargée, elle cale environ 0m70. Son poids total est de 7,550 kilogrammes. Elle a coûté 67,000 francs, y compris son transport jusqu'à Saint-Louis. Les essais furent faits sur la Seine ; on put monter la chaloupe en deux jours.

Elle arriva au Sénégal vers les premiers jours d'octobre 1883 et à Khayes dans le mois de novembre. Partie de Médine le 1er Janvier 1884 elle ne fut rendue à Bammakou que le 30 avril. Il a donc fallu quatre mois pour la transporter par terre du Sénégal (Médine) au Niger, sur une distance de 150 lieues. Le prix de ce dernier transport s'est élevé à 116,000 francs.

Le 3 mai on commença les travaux de montage qui durèrent près de trois mois, la canonnière ayant été lancée au commencement d'août. Nous avons appris, fin d'octobre, qu'elle a fait un voyage le 11 septembre jusqu'à Koulikoro après avoir franchi le 4 les passes de Sotuba.

On voit par le prix exhorbitant du transport de la canonnière de Médine à Bammakou qu'il est impossible de renouveler de semblables

opérations ; et cependant, d'ici à quelques années il sera indispensable d'avoir sur le Niger plusieurs bateaux à vapeur pour y faire la police.

D'un autre côté le commerce y aura besoin aussi de toute une flottille à vapeur ou à voile, chaloupes, chalands, etc. Il faut donc que Bammakou, port d'amont, et Sotuba, port d'aval, aient des chantiers de construction.

L'administration devrait donc, dès à présent, nommer un directeur du port et des constructions navales à Bammakou. Ce directeur chercherait dans les environs les essences forestières convenables pour les planches, les courbes, les mâts, les vergues, etc., et ferait un approvisionnement de ces matériaux de construction.

Il faudrait faire faire immédiatement, pour le service de l'Etat, un vapeur de dimensions plus grandes que celles de la chaloupe le Niger.

On ne peut songer à faire venir la coque de France, ni à fabriquer la machine à Bammakou. Il faut donc construire là-bas le navire en bois sur un modèle donné par le service des constructions navales du Ministère de la marine qui fera faire en France la machine à y adapter, laquelle machine serait démontable pour être transportée comme l'a été la canonnière le Niger.

Il faudra qu'on envoie aussi à Bammakou un approvisionnement de ferrures, de cordages, de toiles à voile, etc.

Des nouvelles venues du Niger, nous ont appris que la chaloupe, dont quelques parties de tuyautage avaient été perdues pendant le transport par terre, n'avait pu naviguer dans de bonnes conditions et se trouvait arrêtée à Koulikoro, à seize lieues en aval de Bammakou ; de plus, que l'enseigne de vaisseau, M. Frogier, qui l'avait montée et qui la commandait, revenait malade et qu'un autre officier de marine, M. le lieutenant Davout, était en route pour aller prendre le commandement de la chaloupe, probablement remise en état à l'heure actuelle.

Nous pensons que l'envoyé de Tombouctou qui est venu jusqu'à Paris et qui vient de repartir pour le Sénégal par le paquebot du 21 janvier, retournera à Tombouctou sur cette chaloupe. Il sera accompagné d'une mission française chargée de répondre aux avances des marchands de Tombouctou et de s'entendre avec eux sur les moyens à employer pour créer un courant commercial entre leur ville et notre colonie du Sénégal.

### Histoire de Tombouctou.

' Tombouctou, comme on le sait, est situé sur le Niger, à la partie occidentale du coude que fait ce grand fleuve vers le nord dans le Sahara, à 500 lieues de sa source et à la même distance de son embouchure.

C'est la partie la plus septentrionale de la contrée que les Arabes ont appelée Soudan.

Nous allons résumer en quelques pages l'histoire de cette ville fameuse qui entre dès à présent dans la sphère d'action de la colonie française du Sénégal.

Voyons d'abord quelles furent les premières notions acquises par les peuples méditerranéens sur cette partie du continent africain habitée par les noirs.

650 ans avant Jésus-Christ, sous le règne de Nécos, roi d'Egypte de la 26ᵉ dynastie et d'après ses ordres, des marins phéniciens firent le tour de l'Afrique en partant de la mer Rouge. Leur étonnement fut grand lorsque, doublant la pointe sud du continent africain, ils virent le soleil à leur droite au lieu de le voir à leur gauche comme ils l'avaient dans l'hémisphère nord quand ils tenaient le cap à l'ouest.

Hérodote nous apprend encore que 500 ans avant Jésus Christ des Libyens Nasamons de l'oasis d'Audjila (aujourd'hui dépendant de la régence de Tripoli) dans le désert de Libye, allèrent faire un voyage de découverte jusqu'au grand coude septentrional du Niger. Rien n'indique que ce voyage d'exploration ait eu des suites.

Vers la même époque le Carthaginois Hannon fit un voyage d'exploration par mer, le long de la côte occidentale d'Afrique ; il pénétra jusqu'au golfe de Guinée d'où il rapporta deux peaux de singe chimpanzé qu'il intitule femme sauvage et nomme Gorgone (en wolof, en sérère et en poul homme se dit : gour, kor et gorko).

A dater du IVᵉ siècle avant l'ère chrétienne les Carthaginois faisaient le commerce de l'or à la côte occidentale d'Afrique, mais ils ne pénétraient pas dans les terres.

Le Soudan central, c'est-à-dire le bassin du Niger moyen, ne fut connu des Européens que postérieurement à ces dates et il le fut par des documents arabes.

Les renseignements historiques que nous y trouvons ne remontent pas au-delà du IV<sup>e</sup> siècle de notre ère ; les plus anciens se trouvent dans l'ouvrage de Ahmed Baba, historien tombouctien.

On y voit que 300 ans après Jésus-Christ, existait dans la région du Niger, à l'ouest du grand coude, un empire dont le chef s'appelait le Ghana et dont la capitale devait être Walata actuel, à environ 125 lieues à l'ouest de Tombouctou.

La population était, suivant moi, Soninké et non Poul comme le pensait Barth. Ses débris se trouvent aujourd'hui dans le Kaarta, provinces de Diafouna et de Diawara ; sur les bords du Sénégal à hauteur de Bakel, dans le Gadiaga et le Guidimakha ; et dans une foule de villages disséminés dans toute cette partie de l'Afrique : Sansandig, Djenné, etc.

L'empire de Ghana fut converti ou plutôt soumis à l'islamisme, vers l'an 1000, par les Berbères venus du nord, Lamtouna et Zénaga, qui avaient fondé la ville d'Audagost, à une centaine de lieues à l'ouest du Ghana, vers Tichit et l'Adrar, et avaient conquis les pays voisins.

Alors existait sur les bords du Niger à son coude septentrional, à l'est du Ghana, un autre empire noir, celui des Sonrhaï, dont la capitale était Koukia.

Le roi des Sonrhaï était en relation avec le chef Zénaga d'Audagost.

Au XI<sup>e</sup> siècle les Berbères d'Audagost s'étaient emparés du Ghana et les Sonrhaï de Koukia s'étaient convertis à l'islamisme et avaient transféré leur capitale à Gogo.

Ce serait alors que les Berbères Touaregs auraient fondé Tombouctou dont la population fixe devait être Sonrhaï.

En 1203, les Berbères se virent enlever l'empire du Ghana par des noirs venus du sud, les Sousou, nation Malinké, (1) qui s'emparèrent de Tombouctou et du pays des Sonrhaï.

En 1326, vinrent du sud d'autres Malinké dont la capitale était Mali, sur la branche occidentale du Niger ; ils battent les Sousou et s'emparent du royaume des Sonrhaï, de Tombouctou et de toutes les contrées voisines, sauf Djenné. Un de leurs rois Mansa-Moussa (2) dota de mosquées Tombouctou qui devint le grand marché du pays.

---

(1) La langue malinké, dont le Bambara n'est qu'un dialecte presque identique, est la langue d'une population très considérable, répandue dans le bassin du Haut-Niger et du Haut-Sénégal.

(2) Mansa veut dire roi, en malinké ; le nom que nous donnons à la Casamance provient de ce que, lors de sa découverte, les habitants qui sont malinké, avaient pour roi un nommé Cassa : Cassa-Mansa.

Brulé dans une invasion des Mochi, peuple de race différente venu du sud en 1328, Tombouctou se rétablit sous le roi Malinké, Mansa-Sliman.

C'est en 1375 que cette ville fut signalée à l'Europe par le Mappa-Mondo catalan.

Dans le XV<sup>e</sup> siècle les Sonrhaï étaient redevenus presque indépendants des Malinké; une tribu Berbère, sous son chef Akil profita des guerres entre Sonrhaï et Malinké pour s'emparer de Tombouctou en 1433.

En 1468, le roi Soni-Ali, des Sarakhollé du Ghana, réagissant contre l'islamisme livra Tombouctou et Djenné au pillage et au massacre, surtout des lettrés. (1)

Ce roi permit aux Portugais, sous Jean II, d'établir dans l'Adrar occidental un comptoir qui n'eut pas de durée.

Après Soni-Ali vint la dynastie Sonrhaï des Askia, en la personne de Mohammed-ben-Abou-Beker, qui nomma un de ses frères gouverneur de Tombouctou, fit un pélerinage célèbre à la Mecque avec une véritable armée, en 1495-1497, dévasta le pays des Mochi idolâtres et prit Mali, l'antique capitale des Malinké. La puissance des Malinké se trouvait alors bien diminuée le long de la branche occidentale du Niger et commençait à faire place à celle des Pouls (Foulbé). Mohammed-ben-Abou-Beker battit ces derniers en 1500.

Ce roi se trouvait à Tombouctou lorsque Léon l'Africain fit son voyage dans le Soudan. A cette époque Tombouctou s'était relevé plus florissant que jamais. Le sel lui arrivait de Teghafa, un peu au nord de Taodeni. Les caravanes du nord de l'Afrique avaient abandonné la voie du Ghana pour venir directement à Tombouctou et à Gogo.

Après avoir fondé un immense empire qui allait du Kaarta à Agadès (600 lieues de l'ouest à l'est), Mohammed-ben-Abou-Beker abdiqua en 1529.

Ahmed Baba l'historien de Tombouctou était son contemporain.

Sous Askia-Moussa, successeur du grand Mohammed, en 1534, les Portugais d'Elmina (Côte d'or) envoyèrent une ambassade au gouverneur Sonrhaï de Mali.

---

(1) Les Sarakhollé ou Saracolets, prirent-ils le nom de Soni-nké, qu'ils portent encore aujourd'hui, parce qu'ils étaient du parti de Soni-Ali ? En tout cas, Soni-nké veut dire homme de Soni, Mali-nké également veut dire homme de Mali.

Vers 1550, Moulai-Ahmed, empereur du Maroc, éleva des prétentions sur les mines de sel de Teghafa ; le roi Sonrhaï Ishac repoussa ses troupes à l'aide de deux mille Touaregs ; mais quelques années après Moulai-Ahmed, profitant des discordes du Soudan, entre Malinké et Sonrhaï, réussit à s'emparer de ces salines et depuis lors ce sont celles de Taodeni qui fournissent du sel à Tombouctou et aux pays voisins, tandis que celles d'Idjil dans l'Adrar en fournissent à la partie occidentale du Soudan.

Envoyé par l'empereur du Maroc à la tête de 3 à 4000 hommes armés de mousquets, le pacha Djodar battit Ishac et les Sonrhaï. Il fut révoqué par l'empereur du Maroc qu'il n'avait pas satisfait et remplacé par Mahmoud-ben-Sarkoub qui s'empara de Tombouctou et fit abattre le bois voisin pour construire des pirogues, parce que celles de la ville avaient été emmenées par les Sonrhaï. C'est depuis lors qu'on se plaint du manque d'ombrage aux environs de Tombouctou.

Mahmoud-ben-Sarkoub alla ensuite battre Askia près de Gogo et tout le pays tomba au pouvoir de l'empereur du Maroc, à qui fut envoyée une immense quantité d'or, au grand étonnement de l'Europe.

Les descendants des soldats des garnisons marocaines s'appellent encore aujourd'hui *rouma* ou *arama*, du verbe arabe *rma* (lancer) en souvenir des mousquets

Dès 1667, les *rouma* ne reconnaissaient plus le joug du Maroc et s'étaient complétement mêlés aux indigènes. Ils furent bientôt subjugués par les Touaregs Tademekket.

Vers 1700, les Pouls du Sénégal s'étaient croisés avec les noirs Sérères et Wolofs. La caste religieuse dominante avait pris le nom de Torodo (1). Ces Pouls croisés de noirs, semblèrent avoir acquis des facultés nouvelles ; ils devinrent les plus ardents convertisseurs et fondateurs d'empires musulmans.

Au commencement du XVIII° siècle Abdou-el-Kader fonda le Fouta sénégalais, le Torodo Sidi, l'état musulman du Fouta-Djallon et enfin le Torodo Ibrahima du Fouta-Djallon, le Bondou musulman. Les Pouls musulmans étant devenus de plus en plus puissants dans la vallée du Niger supérieur, le Torodo Ahmadou-Labbo fonda l'empire poul musulman du Macina, sur les ruines de l'antique empire de Mali, divisé en petits états. Les Malinké furent partout refoulés, mais deux

---

(1) Toro, province sur la rive gauche du Sénégal, à 70 lieues de l'embouchure, en suivant le fleuve.

états puissants de leur race, sous le nom de Bambara, se formèrent dans l'Ouest (le Kaarta) et dans le Sud (le Ségou). Ce dernier, puissant empire, continua les guerres avec le Macina qui voulait le convertir.

Au commencement du XIXe siècle le Torodo Othman Fodia et son fils le sultan Bello fondèrent un vaste empire musulman entre le Niger et le lac Tchad sur les ruines du Haoussa et pays voisins. Cet empire se partagea plus tard en deux royaumes, celui de Sokoto et celui de Gando.

Depuis la fondation du Macina, cet état se disputait la possession de Tombouctou avec les Touaregs Aouellimmiden.

Des marabouts Kountah, les Bakay vinrent s'établir dans cette ville à la requête des commerçants maures, pour s'efforcer par leur influence religieuse de faire régner un peu l'ordre et la justice entre ces farouches adversaires.

En 1854, Barth en parlant dé la situation de Tombouctou, où il venait de séjourner pendant près de huit mois, disait : le commerce et les habitants de cette ville ne jouiront d'un peu de sécurité que lorsqu'une puissance civilisée aura établi son autorité sur le Niger ; et en disant cela, il est certain qu'il faisait allusion à la France, dont il venait de constater les progrès vers l'intérieur, par le Sénégal.

Depuis lors les affaires de Tombouctou n'ont fait qu'empirer. Comme nous l'avons déjà dit, de 1857 à 1861, le Torodo El Hadj Omar d'Aloar près de Podor, repoussé par nous du Sénégal, fit la conquête des puissants états idolâtres du Kaarta et du Ségou, de l'état musulman du Macina et étendit sa domination jusqu'à Tombouctou. Ces révolutions, occasionnées dans le bassin du Niger par El Hadj Omar, n'ont pas été favorables à cette ville. Aujourd'hui les fanatiques sujets de Tidiani (ancien lieutenant d'El Hadj Omar) sont pour Tombouctou des voisins encore plus incommodes que les Pouls du Macina , auxquels cette cité était en quelque sorte habituée. C'est ce qu'à pu constater en 1881 le voyageur autrichien Lenz qui, parti du Maroc, passa par Tombouctou et revint par notre colonie du Sénégal. Il trouva cette ville tellement bloquée du côté du Sud, qu'il ne put se procurer la satisfaction d'apercevoir le Niger qui, comme on le sait, coule à deux ou trois lieues de Tombouctou.

### Situation des Français dans le Soudan.

Comme on le voit, au Sud de Tombouctou, dans le Soudan, c'est la race Poul qui domine et sa puissance va toujours grandissant. Les dépendances des royaumes de Sokoto et de Gando s'étendent journellement vers l'embouchure du Niger et atteindront bientôt la mer, au fond du golfe de Guinée ; de sorte qu'aujourd'hui les Pouls sont répandus de l'embouchure du Sénégal à celle du Niger, sur une étendue de 30 degrés de longitude et entre les latitudes de 10 à 15 degrés Nord, c'est-à-dire sur un espace d'environ 90,000 lieues carrées.

En regard de cet état politique du bassin du Niger, quelle est notre situation dans cette contrée ? Pour l'apprécier, il faut nous reporter à trente ans en arrière. A cette époque nous n'étions rien aux yeux des indigènes. Les puissants états de Ségou et du Kaarta connaissaient vaguement l'existence de quelques marchands blancs vers l'embouchure du Sénégal, mais ils ne s'en inquiétaient nullement. Nos traitants remontaient bien jusqu'à Bakel, mais c'était en supportant toute espèce d'insultes et de violences de la part des Toucouleurs du Fouta et en leur payant des droits de passage exhorbitants, jusqu'à 1500 fr. par navire à Saldé.

Dans le bas du fleuve, le puissant maître des deux rives, le roi des Trarza se vantait d'aller faire le salam dans l'église de St-Louis, à sa première brouille avec les Français, et en effet en 1854, lors de l'inauguration de notre nouveau système politique, il venait avec son armée jusqu'à cinq kilomètres de St-Louis, pour mettre sa menace à exécution. C'était à Leybar ; le nouveau Gouverneur y avait fait faire un pont sur un marigot (grande innovation dans le pays), mais comprenant que c'était un passage ouvert à l'ennemi, il avait, avant de partir avec la garnison de St-Louis pour une expédition chez les Trarza, fait construire en huit jours une tour en maçonnerie, comme tête de pont et y avait mis un sergent et dix hommes avec un obusier de montagne tirant par les fenêtres.

C'est à cet obstacle que se heurta le puissant monarque des Trarza ; après qu'il eût perdu un assez grand nombre d'hommes, un obus étant venu éclater près de la tente d'où il observait l'attaque de la tour, il s'enfuit en toute hâte avec son armée ; puis une guerre de quatre ans détruisit à moitié sa tribu. Les Trarza furent donc les premiers détrompés à notre égard et reconnurent que nous n'étions pas, comme ils se le figuraient, de simples marchands incapables de faire la guerre. Le Cayor et le Fouta eurent leur tour et enfin, comme consécration dernière, le sanglant échec d'El Hadj Omar devant Médine nous fit, auprès des indigènes, une réputation de grande puissance militaire.

Ils comprirent la vérité des paroles de Paul Holle, commandant de Médine. Pendant le siège, les assiégeants lui criaient : « Vous n'avez » plus de vivres, vous n'avez plus de poudre, le Borom-N'dar ne peut » pas venir à votre secours, parce qu'il n'y a pas d'eau dans le fleuve , » d'ici à quelques jours, nous vous aurons coupé le cou à tous. » Paul Holle leur répondit du haut des murs : « Jamais un noir n'entrera de » force dans la maison d'un blanc. » Cette vérité est aujourd'hui admise par tout le monde et nos postes ne seront jamais sérieusement attaqués.

Quant à la possibilité pour les indigènes de nous résister dans leurs villages fortifiés, ils ont été fixés à cet égard par de nombreuses expériences. Tandis qu'entre eux ils restent quelquefois des mois entiers à assiéger leurs tatas, nous leur avons enlevé d'assaut et en un seul jour :

En 1854, Dialmatch, la ville sainte du Dimar, en perdant 175 hommes tués ou blessés ;

En 1859, Guémou, la forteresse élevée par ordre d'El Hadj Omar chez les Guidimakha et défendue par son propre neveu Siré-Adama qui s'y fit tuer. Nous y eûmes 136 hommes tués ou blessés.

En 1878, Sabouciré, dans le Khasso, dont le chef fut tué. Nous perdîmes 64 hommes tués ou blessés.

En 1881, Goubanko, dans le Birgo ; nos pertes furent de 30 hommes tués ou blessés.

Enfin en 1883, Daba, dans le Bélédougou, dont le chef fut tué et où nous eûmes 53 hommes tués ou blessés.

Notre supériorité militaire est donc aujourd'hui bien établie aux yeux des indigènes et cela explique comment Ahmadou et Samory se gardent de s'attaquer à nous.

### Le Bas-Niger. — Écoles indigènes.

Quoique notre principal objet ait été de parler du Haut-Niger où nous sommes sur le point de dominer, nous ne pouvons nous dispenser d'entrer dans quelques détails sur le bas du fleuve dont le commerce prend de jour en jour plus d'importance et où jusqu'à présent, comme sur tout point accessible par mer, les Anglais ont élevé et élèvent encore des prétentions exagérées.

Le Niger se jette à la mer par une foule de bras qui constituent un delta considérable. Ce delta a, depuis la mer jusqu'à Abo, une vingtaine de lieues. Il est habité par des peuplades sauvages et indépendantes. Le sol y est souvent en partie submergé à marée haute et il est couvert sur les rives de palétuviers impénétrables. D'innombrables moustiques, les miasmes de ces terrains marécageux, de ces vases infectes, qui engendrent des fièvres pernicieuses, rendent le séjour de cette contrée impossible pour les blancs.

Lorsqu'on sort du delta la nature du pays change totalement ; on voit se dérouler un grand et beau fleuve sur les rives duquel s'étalent toutes les splendeurs de la flore intertropicale ; cocotiers, palmiers, bombax ; les bananiers entourent de nombreux villages et cette riante nature est animée par une multitude d'oiseaux parés des plus vives couleurs.

On trouve d'abord le village d'Abo dont les habitants sont de vrais pirates qui vont faire des expéditions dans les environs sur des flottilles de pirogues de guerre.

Un peu plus haut se trouve Onitcha, vi'le de 15,000 habitants, grand marché d'huile de palme où affluent des populations considérables.

Puis vient Idda, ville musulmane de 10,000 habitants, position très forte sur un rocher qui domine le fleuve. Les habitants sont hostiles aux Européens.

Il n'en est pas de même de Lokodja au confluent du Niger et de la Bénué ; c'est un grand marché de ravitaillement.

A 25 lieues plus haut, c'est-à-dire à 120 lieues de la mer, se trouve Egga ; les produits du pays qui y sont amenés par de nombreuses caravanes sont : l'huile de palme, le beurre végétal, un peu de coton et d'indigo, le sésame, les cuirs, l'ivoire, les plumes d'autruche et de petits chevaux. Egga reçoit annuellement la visite d'une dizaine de steamers. Cette ville fait partie du royaume de Nupé qui s'étend, sur le fleuve, du confluent de la Bénué jusqu'à Boussa. Ce petit état est une dépendance du royaume de Sokoto ; sa capitale Rabba compte 70,000 habitants.

A partir de l'embouchure les populations sont fétéchistes jusqu'à Idda. Au-dessus d'Idda les musulmans dominent ; ainsi Lokodja est gouverné par un prince musulman nommé par le roi de Nupé.

Sur la Bénué, à une vingtaine de lieues du confluent, se trouve Loko, ville soumise à l'influence musulmane.

Il y a des indigènes protestants dans un certain nombre de villages ; par exemple à Onomari, Alendzo, Onitcha, etc.

Les bateaux calant six pieds d'eau peuvent facilement remonter jusqu'à Egga du mois de juin au mois de novembre.

Lorsque la crue est forte des bâtiments calant de dix à douze pieds peuvent remonter jusqu'au même point en août et septembre.

A partir d'Egga le fleuve diminue de profondeur jusqu'à Rabba et n'est plus navigable que pour des navires calant de quatre à cinq pieds.

De Rabba à Bidda les chaloupes à vapeur peuvent seules naviguer.

En somme, la navigation du Bas-Niger présente beaucoup de difficultés. Le chenal se déplace d'une année à l'autre par suite des éboulements continuels de la rive occidentale. Aux environs d'Igbébé le fleuve est parsemé de grosses roches qui rendent la navigation très périlleuse. Le courant est d'environ quatre milles. Les indigènes se servent de grandes pirogues qu'ils ont en grand nombre.

Dans le delta du Niger, les traitants européens, au lieu d'habiter les terres insalubres, s'établissent sur des pontons ancrés dans les endroits les plus favorables ; ce sont de grands navires dégréés dont on a aménagé une partie pour servir de logement ; la partie restante du pont, protégée contre le soleil et la pluie par un toit en zinc ou en toile à voile, sert aux opérations du commerce. Les traitants ne vont à terre que lorsqu'ils y sont absolument forcés. La plupart de ces pontons sont à la fois des entrepôts et des usines pour la préparation de l'huile de palme.

Il y a une trentaine d'années que les Anglais fondèrent des comptoirs dans les canaux du delta du Niger, en même temps qu'ils faisaient, en remontant le fleuve, des voyages d'exploration et qu'ils fondaient quelques missions protestantes. Un de leurs plus zélés missionnaires, dès cette époque, et aujourd'hui encore, est le révérend Krowther, évêque anglican. Son histoire est intéressante et nous la donnons ici.

Vers 1840, un village indigène, situé non loin du confluent du Niger et de la Bénué, était subitement assailli par une bande de Pouls, du royaume de Sokoto. On sait que les Pouls se sont donné comme tâche de convertir à l'Islam tout le Soudan et qu'ils opèrent de l'embouchure du Sénégal à celle du Niger. La religion a toujours été un prétexte commode pour donner carrière aux instincts avides et cruels. Les Pouls mettent en dehors de la loi et du droit des gens tous les hommes qui ne partagent pas leurs croyances religieuses. Ni trêve ni merci à qui ne fait pas le Salam. Les musulmans en Afrique en sont encore à cet égard au point où en étaient les catholiques espagnols en Amérique il y a deux cents ans, et les catholiques français dans les Cévennes, il y a cent cinquante ans.

Quand un village est envahi, les hommes périssent en combattant ou parviennent à se sauver ; les femmes et les enfants voilà le butin le plus assuré ; on les fait esclaves et on va les vendre.

Dans le cas que nous avons cité ci-dessus, un enfant de neuf ans, après avoir vu son père tué, sa case brûlée, et sa mère laissée pour morte sur le sol, fut pris par les assaillants. Promené de marché en marché il finit par être vendu à un négrier portugais, à l'embouchure du Vieux-Calebar. Ce négrier, pourchassé par un croiseur anglais aux abords de l'île de Sainte-Hélène, jeta, selon l'usage, à la mer par des sabords disposés ad hoc, son chargement de nègres ; mais les Anglais avaient tout vu et prenant le négrier à l'abordage, ils pendirent l'équipage aux vergues et visitèrent le navire avant de le couler. Ils trouvèrent, caché dans un coin de la cale, l'enfant dont nous racontons l'histoire. On le conduisit à Sierra-Leone et on le mit à l'école. Il fit des progrès rapides et apprit l'anglais, le latin et l'hébreu. On l'envoya alors à Londres où il termina ses études au séminaire. Il se fit missionnaire et fut envoyé dans le Niger. Enfin en 1864 il fut sacré évêque par l'archevêque de Canterbury. Telle est l'histoire authentique de l'évêque noir Samuel Krowther, âgé aujourd'hui d'une cinquantaine d'années et qui consacre sa vie à répandre la connaissance de la religion chrétienne parmi les populations du Bas-Niger et de la Bénué.

Le chef-lieu de sa mission est à Lokodja au confluent des deux cours d'eau, mais il n'y vient qu'à la saison des hautes eaux qui lui permettent de parcourir la contrée au moyen d'un petit vapeur.

Le plus extraordinaire c'est que M. Krowther a retrouvé, il y a quelques années, sa mère qui l'a reconnu tandis qu'il prêchait dans un village. Il la prit avec lui à Lagos et l'entoura des plus tendres soins jusqu'à sa mort.

Ce missionnaire qui était dans les meilleures conditions pour réussir auprès des noirs puisqu'il était de leur race, n'a cependant pas, que nous sachions, obtenu des résultats considérables. La conversion des nègres au christianisme est bien difficile. Les missionnaires protestants, pères de famille, réussissent généralement mieux que les missionnaires catholiques célibataires ; ces derniers n'obtiennent que des résultats nuls au Sénégal, ils réussissent un peu mieux à Gorée. Une condition très importante pour que l'œuvre de conversion et d'éducation soit sérieuse, c'est de suivre les convertis devenus hommes et de ne pas les abandonner subitement à eux-mêmes sans guide, sans position sociale. Les bons missionnaires après avoir instruit l'enfant, dirigent le jeune homme, observent et conseillent le père de famille. Abandonnés à eux-mêmes ces individus déclassés par cela même qu'ils sont, sous certains rapports, supérieurs à leur entourage, tournent presque nécessairement mal , sans qu'on puisse trop le leur reprocher.

Etant en 1853, à bord de l'*Eldorado*, commandant Baudin, nous descendîmes à Grand Bassam. Nous fûmes reçus en grande pompe au village du roi Piter. Le vieux roi daigna, pour nous faire honneur, exécuter lui-même quelques pas de danse, au milieu de ses femmes qui, agenouillées, nettoyaient de leurs mains le sol que foulaient les augustes pieds de Sa Majesté, pendant qu'un orchestre composé d'une vingtaine de noirs, soufflant dans des dents d'éléphant, produisaient la plus épouvantable cacophonie qu'on puisse imaginer.

La foule nous entourait et nous serrait de près. Un indigène surtout, aussi peu vêtu que les autres et plus répugnant, par suite d'une maladie de peau dont il était affligé, venait toujours se placer contre nous. Je dis à l'interprète qui nous accompagnait: « Quel est donc cet homme ? que veut-il ? » Avant que l'interprète ait pu me répondre, le le noir me dit lui-même, sans aucun accent étranger : « Capitaine, je suis un ancien élève du Lycée Louis-le-Grand ; j'y ai fait toutes mes études. » On comprendra sans peine ma stupéfaction ; je ne pus que répéter : « Comment un ancien élève de Louis-le-Grand ? » « Oui, me dit-il, l'amiral Bouët m'emmena en France. Le ministre de la marine me mit au Lycée et quand j'eus fini mes études on vint me déposer ici dans mon pays natal. » — Mais comment vivez-vous ici, que faites-vous ? — Je gagne de quoi manger en servant quelquefois d'interprète entre les soldats du poste et les habitants du village. »

Ce pauvre diable avait l'air profondément malheureux et humilié.

Ajoutons, comme détail important, que les habitants du Grand Bassam étaient anthropophages.

Assez ému de ce que je venais d'apprendre, je me dis en moi-même qu'il était bien mal de se jouer ainsi d'une existence humaine. Si cet homme était resté avec ses frères, ne connaissant pas d'autre état social que le leur, il eût partagé leur sort sans regret, il eût vécu content de sa destinée. On l'expatrie, et au bout de sept ou huit ans, on le ramène chez lui, ayant presque perdu l'usage de sa langue, ne sachant plus pêcher, chasser, en un mot n'ayant aucune des connaissances nécessaires pour vivre, mais en revanche sachant le latin et le grec. Il fut nécessairement regardé par ses compatriotes comme un être incapable, inutile, et on en fit un paria.

En 1856, le Gouverneur du Sénégal, convaincu de la nécessité de former quelques indigènes d'élite pour nous aider dans notre œuvre de civilisation et d'assurer en même temps le recrutement des interprètes pour les diverses langues du pays, fonda une école qui fut d'abord appelée « Ecole des ôtages » parce que les quelques fils de chefs qui s'y trouvaient nous avaient été donnés en cette qualité par leurs pères, et qui prit ensuite le nom d' « Ecole des fils de chefs et des interprètes. »

Cette école a duré quinze ans. Elle fut supprimée en 1871, sous le Gouvernement du colonel Vallières à l'instigation de certains indigènes qui ne désirent rien tant que de voir les autorités françaises ignorantes des choses du pays.

Cent trois élèves y ont passé dans ce laps de temps ; quarante-et-un y sont restés trop peu de temps pour qu'un résultat sérieux ait pu être obtenu, en ce qui les concerne ; plusieurs d'entre eux n'étaient guère que depuis un an à l'Ecole quand elle fut supprimée. Six ont mal tourné, étant devenus de mauvais sujets ou même ayant trahi notre cause. Cinquante-six ont bien profité de leurs études et ont été des hommes utiles à la Colonie ; ainsi :

Onze sont devenus des chefs indigènes,

Neuf ont été interprètes,

Deux, officiers indigènes, dont un tué à l'ennemi,

Quelques-uns comptables à bord des bateaux de la flottille intérieure,

D'autres adjoints aux instituteurs de la Colonie, employés au bureau du génie, à l'imprimerie du Gouvernement ou dans les maisons de commerce.

Enfin, quelques-uns sont retournés chez eux pour s'occuper de culture et de commerce.

Pour obtenir d'une semblable école les résultats qu'on en attend, il faut que certaines conditions soient remplies en ce qui concerne le choix du personnel.

Que l'on charge le premier venu, quelque savant qu'il soit, de tenir l'école, qu'on prenne le premier venu pour surveillant et que l'autorité supérieure ne s'intéresse que médiocrement à l'institution, les élèves en sortiront, peut-être instruits, mais non transformés comme éducation, comme idées, comme tendances et sans avoir contracté des sentiments de reconnaissance et d'affection pour la France.

Lors de l'ouverture de l'Ecole, en 1856, un commis de marine fut désigné par l'ordonnateur, comme instituteur ; c'était un médiocre employé parce que l'administration ne l'intéressait guère ; il prit à cœur, au contraire, ses nouvelles fonctions d'instituteur de nos jeunes indigènes. Homme à imagination vive et au cœur chaud, il aimait ses élèves et sut gagner leur confiance. Le surveillant Ousman se montra également parfait dans ses fonctions, dévoué à notre cause, sérieux, ayant le sentiment du devoir il veillait affectueusement sur ces enfants qui le respectaient et se montraient très soumis. Tous les dimanches matin, le Gouverneur se faisait amener par lui les élèves pour les féliciter, les encourager et les récompenser.

C'est grâce à ces conditions que cette Ecole produisit des résultats satisfaisants.

Il est difficile que ces conditions se trouvent réunies de nouveau. Les Gouverneurs du Sénégal changent trop souvent pour pouvoir s'intéresser à de pareilles fondations. Ils quittent souvent la colonie sans avoir eu même le temps d'apprendre le nom des pays qu'ils ont à administrer.

De 1880 à 1885, en cinq ans, il y a eu huit Gouverneurs du Sénégal en comptant les intérimaires : MM. Brière de l'Isle, Delanneau, Canard, Vallon, Servatius, Bourdiaux, Seignac, Quintrie.

Il est réellement fâcheux que cette institution de l'Ecole des fils de chefs et des interprètes n'ait pas été maintenue et ne puisse être rétablie. Plusieurs de nos chefs d'exploration ou d'expédition se trouvaient bien agréablement surpris de rencontrer, dans les pays de l'intérieur, des noirs parlant français, les accueillant cordialement et se mettant à leur disposition ; c'était d'anciens élèves de notre école de Saint-Louis.

L'heureuse création en 1883 de la société de l'*Alliance française*, pour la propagation de notre langue sur tous les points du globe, a été prise tout-à-fait au sérieux dans notre colonie du Sénégal ; il est vrai que c'est peut-être celle où le besoin s'en faisait le plus sentir et où les résultats peuvent en être le plus avantageux. Le Gouvernement, les administrations, les fonctionnaires civils et militaires, les commerçants se sont empressés de souscrire. De plus une véritable émulation s'est manifestée parmi les commandants des postes pour la création immédiate d'écoles et les derniers postes établis comme Kita et Bammakou ont déjà improvisé des écoles que suivent les enfants indigènes des villages voisins.

La question des écoles a passé au Sénégal par diverses phases. Les écoles de filles y sont tenues par les dames de Saint-Joseph de Cluny, en outre et depuis peu de temps, par une ou deux institutrices laïques Pour les garçons, ce sont les frères de Ploërmel qui ont, de tout temps, dirigé les écoles. En 1856, le Gouverneur voyant que les jeunes chrétiens, qui ne sont qu'une faible minorité, suivaient seuls leurs écoles parce que les parents musulmans craignaient que les frères, comme ils y étaient forcés par leurs statuts, ne cherchassent à convertir leurs élèves à la religion chrétienne, fonda une école tenue par un laïque en promettant aux musulmans qu'on n'y enseignerait absolument que la langue française et l'arithmétique. Il se produisit alors un fait aussi singulier qu'inattendu : les frères demandèrent et obtinrent de leurs supérieurs l'autorisation de créer des cours du soir où il ne serait enseigné que le français et l'arithmétique. Comme ils étaient connus des noirs et que, abstraction faite de la question religieuse, ils jouissaient de leur estime, il arriva que tandis que l'école laïque n'avait que 20 à 30 élèves, des centaines de jeunes musulmans suivirent la classe du soir des frères, à la grande satisfaction du Gouverneur.

Depuis que la colonie a un Conseil général, discutant le budget, le nombre des bourses données à de jeunes sénégalais pour aller faire leur éducation en France, nombre qui n'était que de deux ou trois auparavant, a été considérablement augmenté et porté à une trentaine.

Après cette digression sur les écoles, revenons au Bas-Niger. Il y a quelques mois encore les traitants anglais et français se disputaient le trafic du cours inférieur du Niger. Les Français se plaignaient que leurs rivaux étant les plus forts excitaient les indigènes contre eux,

barraient les chemins qui conduisent à leurs comptoirs et leur susci-
taient toute espèce de difficultés.

Le gouvernement de Lagos soutenait par la force les prétentions an-
glaises ; il est du reste impossible de faire le commerce avec ces
barbares sans avoir à sévir de temps en temps contre eux.

En 1876 les indigènes ayant établi un barrage entre les villages
d'Akrito et d'Appoprama, pour faire échouer les steamers et les piller,
une frégate anglaise le détruisit à coups de canon et brûla les villages
voisins,qui furent naturellement reconstruits par les naturels quelque
temps après.

La même année les villages de Satobrega,Gamatou et Kayama furent
aussi brulés par les Anglais pour avoir insulté les navires marchands.
Ces villages se défendirent avec acharnement. Quelques jours après
les villages d'Agheri furent également détruits. En 1879 ce fut le tour
d'Imblama.

En 1880, Amrou, sultan du Nupé, qui avait usurpé le pouvoir, avait
accordé le monopole du commerce dans ses états aux Anglais. Mais
postérieurement le prince Maleki, qui lui a succédé, a ouvert le fleuve
à tout le monde.

Les Anglais eurent d'abord, dans le Bas-Niger, quatre compagnies
commerciales. Se gênant par la concurrence elles se fondirent en une
seule, au capital de 10 millions de francs,qui prit le nom de Compagnies
africaines réunies, dont le siège est à Londres et le comptoir principal
à Akassa, sur la côte près de l'embouchure du fleuve. En 1883, elle
s'érigea en compagnie nationale, au capital de 25 millions de francs.

Quant aux Français, ce fut en 1880 que le comte de Semellé, diri-
geant une expédition commerciale, établit son centre d'opérations à
Brass. Il remonta le fleuve jusqu'à Egga, puis il redescendit en fon-
dant des comptoirs à Lokodja, à Igbébé, à Onitcha et à Abo. Il en avait
aussi établi un à Loko, sur la Bénué.

Il mourut en 1880, à bord du navire qui le ramenait en France.

En 1882, la maison Verminck de Marseille,se transforma en Compagnie du Sénégal et de la côte occidentale d'Afrique et fonda des établissements sur le Bas-Niger.

Pour protéger le commerce national dans ces parages, la France a
réoccupé dernièrement Porto-Novo, où notre drapeau avait déjà été
arboré en 1862, sur la demande du roi du pays, Sodji, et des commerçants européens établis sur ce point. Le Gouvernement français ayant

laissé cet établissement sans agent, les Anglais y avaient établi leur domination. Les commerçants français réclamèrent alors la protection de leur gouvernement qui envoya la frégate le « Dupetit-Thouars » et la corvette le « Dumont d'Urville.» Ces bâtiments se rendirent le 1$^{er}$ juillet 1884 dans le golfe de Bénin, à Kotonou, le meilleur mouillage de ces parages. Monsieur Dorat, lieutenant-colonel d'infanterie de marine en retraite, fut débarqué comme résident de France à Porto-Novo, avec un petit détachement de tirailleurs sénégalais.Les Anglais abandonnèrent les quelques points qu'ils avaient usurpés. Les indigènes et le roi du pays, successeur de Sodji, accueillirent avec joie notre résident.

Les Anglais ne voient qu'avec la plus violente jalousie les autres nations européennes s'établir dans ces parages et leurs tentatives pour y commercer, par exemple les expéditions que des traitants français ont faites dans la baie de Biafra, dans ce qu'ils appellent : Oil-rivers (les rivières à l'huile.) C'est là qu'ils viennent cependant d'accepter la prise de possession du Cameroun par le docteur Nachtigal qui a substitué le pavillon allemand au pavillon anglais.

En résumé le commerce du Bas-Niger était, au commencement de novembre 1884, entre les mains de trois compagnies :

1° La Compagnie nationale africaine anglaise ;

2° La Compagnie française du Sénégal et de la côte occidentale d'Afrique (ancienne maison Verminck.)

3° La Compagnie française de l'Afrique équatoriale (MM. Huchet et Desprès.)

Outre ces compagnies il y avait quelques traitants nègres de Lagos.

La Compagnie anglaise avait sur les lieux 12 navires ou embarcations à vapeur. Ces navires sont généralement de 250 tonneaux. L'un d'eux qui est de 500 tonneaux ne remonte le Niger qu'en juillet, août et septembre.

La Compagnie française du Sénégal et de la côte occidentale d'Afrique avait 5 navires ou embarcations à vapeur d'un tonnage moins élevé que ceux de la Compagnie anglaise.

La Compagnie de l'Afrique équatoriale avait 6 petits navires ou embarcations à vapenr.

Si l'on ajoute à cela 3 vapeurs appartenant à des traitants nègres de Lagos et un autre appartenant à la mission anglaise on aura toute la flottille commerciale à vapeur du Bas-Niger, montant comme on le voit à une trentaine de bâtiments.

Les comptoirs, dépôts de marchandises et lieux d'échange, gérés par des traitants indigènes étaient au nombre de :

31 appartenant à des Français.

30, plus importants, à des Anglais.

Et 2 à des indigènes. Il y avait en outre 7 missions anglicanes.

Pendant l'impression de ce travail, il s'est produit un fait important. L'Allemagne a convoqué toutes les puissances à une Conférence destinée à régler leurs rapports internationaux dans les bassins des grands fleuves de l'Afrique et spécialement dans celui du Congo.

Pour ce dernier, il n'y a rien à dire, la mesure était nécessaire. Mais cette Conférence s'est occupée du Niger ; du Bas - Niger, où l'on peut accéder librement par mer, passe encore ! Seulement, dans son rapport, le délégué de l'Angleterre a induit la Conférence en erreur, en ayant l'air de dire que les Anglais seuls y avaient des intérêts et des droits acquis, tandis que nous venons de voir qu'il n'en était pas ainsi. Il est vrai qu'un peu avant l'ouverture de la Conférence de Berlin, les deux Compagnies françaises avaient vendu, à la Compagnie africaine anglaise, leurs comptoirs et tout leur outillage d'exploitation commerciale. Cette transaction entre commerçants ne justifie pas le silence du délégué anglais.

Mais ce qui est extraordinaire, c'est que la Conférence ait cru devoir s'occuper du Haut-Niger ; il y a dans les régions arrosées par le cours supérieur du grand fleuve soudanien, trois chefs puissants que nos lecteurs connaissent bien : Samory, Ahmadou et Tidiani. Ces trois personnages se croient et sont effectivement les maîtres absolus du territoire que traverse le Haut-Niger.

Nous venons, il est vrai, de prendre pied sur cette partie du fleuve, à Bammakou, et même d'y monter une petite chaloupe à vapeur. Mais, à la lettre par laquelle le commandant de Bammakou annonçait à Ahmadou que ce petit vapeur allait descendre le Niger, Ahmadou répondit : « Tu me dis que les fleuves sont des voies naturelles créées par Dieu pour faciliter les relations entre ses créatures et qu'on ne doit pas en défendre l'usage. Nous devons être, en effet, reconnaissants envers Dieu de ce bienfait ; mais, d'un autre côté, il n'est pas moins vrai que les souverains sont maîtres de réglementer le transit et la navigation sur les cours d'eau qui sont dans leurs États par des traités, des conventions avec les États voisins. Or, il n'existe encore rien de semblable entre moi et vous autres Français, les essais de traité n'ayant pas abouti. »

On voit par là que ces souverains, à peu près sauvages, ont la prétention d'être maîtres sur la partie du Niger qui coule dans leurs États. N'est-il pas étrange de voir les diplomates assemblés à Berlin réglementer la navigation sur ce fleuve ? Par qui enverront-ils notifier leurs décisions à Samory, Tidiani et Ahmadou ?

Quant à nous, grâce à des efforts persévérants depuis nombre d'années, grâce à des pertes considérables en hommes et à des dépenses qui s'élèvent à près de trente millions, nous en sommes arrivés à prendre pied à Bammakou et, en faisant de nouveaux sacrifices de toute nature, nous allons chercher à exploiter commercialement le bassin du Haut-Niger, et voilà qu'on y entraverait notre action en nous imposant d'avance telle ou telle condition !

Le commerce avec ces barbares ne peut se faire que grâce à une surveillance sévère, à des mesures de police strictement observées, la mauvaise foi réciproque donnant lieu à chaque instant à des causes de désordre. Ainsi, par exemple, dans le Sénégal, où nous sommes maîtres depuis si longtemps, les traitants qui vont faire la troque dans le fleuve sont astreints aujourd'hui, pour obtenir le droit de commercer, à prendre une patente, à savoir le français et l'arithmétique, et cela pour que leurs comptes puissent être tenus exactement et pour que la justice puisse y voir clair, en cas de contestations avec leurs négociants ou en cas de faillite.

Comment faire concorder ces mesures de police avec la liberté de navigation pour tout le monde ? Nous ne croyons pas que cela soit possible.

Les essais faits jusqu'à présent pour réglementer la navigation sur les fleuves internationaux n'ont guère réussi, même en Europe, quoiqu'on n'ait pas eu à lutter contre des difficultés pareilles à celles qu'on rencontre chez les peuples barbares.

Autant à la rigueur on peut admettre la nécessité de conventions internationales pour le Congo et même pour le Bas-Niger, autant elles semblent intempestives et impraticables pour le Haut-Niger.

15 Février 1885.

Général FAIDHERBE.

Lille Imp. L. Danel.

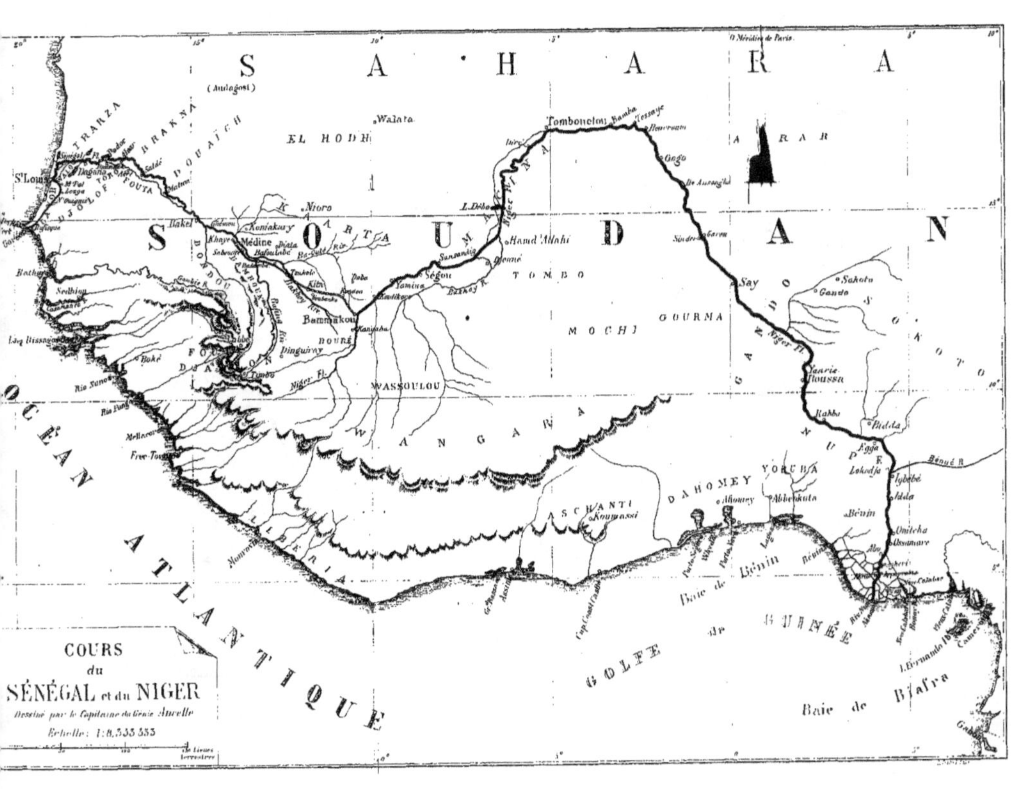

S A H A R A
(Aulagosi)
O Méridien de Paris
EL HODH
Walata
Tombonctou
Bamba
Kessaye
Bourroum
Gogo
He Anrangike
Itiri
L. Débo
Hamd'Allahi
Sansanding
Sindreskaren
Gonne
TONBO
Ségou
MOCHI
GOURMA
Say
Sakoto
Gando
KONG
ADAR
ARAR
S O U D A N
Nioro
K.
Koniakary
ORTA
Médine
Diata
Khayr
Babulabé
Ba-Kili
Bambouk
Timbo
Kita
Dabo
Yamina
Bammakou
Niamina
Kankaba
NOURE
Pinguiray
Niger Fl.
Timbo
WASSOULOU
W A N G A W A
Saarie
Haussa
Rabbu
Biella
N U P E
Egga
Lokodja
Benué R.
Ybebé
Idda
DAHOMEY
YORUBA
ASCHANTI
Koumassi
Ahomey
Abbeikuta
Bénin
Onitcha
Ohsumare
Baie de Bénin
Lagos
G U I N É E
GOLFE
de
Baie de Biafra
L. Fernando Po
Calabar
Camor.
Gabo.
St. Louis
TRARZA
Senégal
BRAKNA
DOUAICH
OF POUTA
Podor
Dagana
Boghé
Saldé
Dakel
Bathurst
Seolbion
Gambie
Rio Nunez
Rio Pong
Mellacori
Free-Town
L I B E R I A
Nouvelle
O C É A N   A T L A N T I Q U E
Rio Sane
BODOU
FOUTA
DJALON
Boké
COURS
du
SÉNÉGAL et du NIGER
Dessiné par le Capitaine du Génie Anvelle
Echelle: 1:8.533.533
Lieues
terrestres

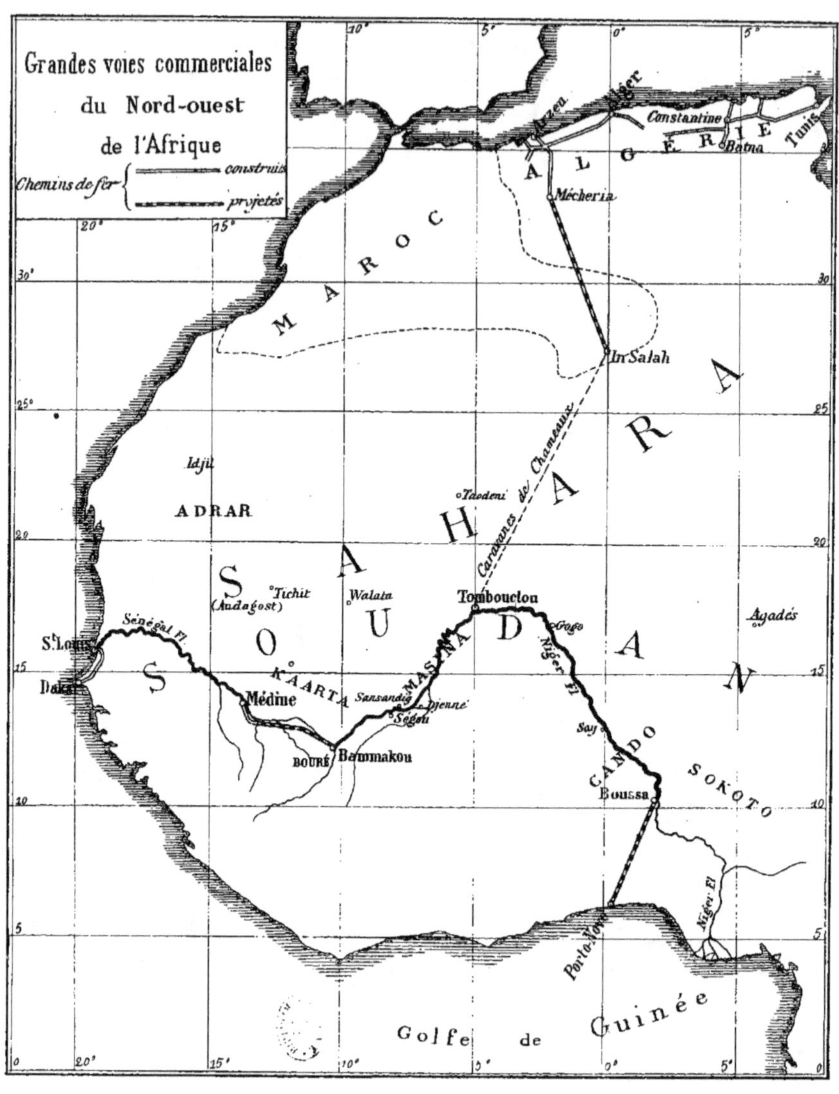

Grandes voies commerciales
du Nord-ouest
de l'Afrique
Chemins de fer {
construits
projetés
MAROC
ALGERIE
Constantine
Batna
Tunis
Mécheria
In Salah
SAHARA
Idjil
ADRAR
Taodeni
Caravanes de Chameaux
SOUDAN
Tichit
(Audagost)
Walata
Tombouctou
Agadés
Gogo
St Louis
Sénégal Fl.
KAARTA
MASNA
Niger Fl.
Dakar
Médine
Sansandig
Djenné
Ségou
Say
GANDO
SOKOTO
BOURÉ
Bammakou
Boussa
Niger Fl.
Porto-Novo
Golfe de Guinée

www.ingramcontent.com/pod-product-compliance
Lightning Source LLC
Chambersburg PA
CBHW051329060726
47596CB00004B/1544